ESTAMPES

ANONYMES.

1. Trophée pour cérémonie funèbre. — Composition avec attributs militaire et de musique.

Deux pièces, dont une à l'état d'eau-forte.

2. Suite de quatre vignettes in-18, pour un roman du xvIIIe siècle.

Rares épreuves à l'état d'eau-forte. Marges.

AUBRY (d'après).

3. Les Adieux de la nourrice, par R. de Launay.

Très rare épreuve à l'état d'eau-forte.

BARBIÉ (J.).

4. Estaing (le comte d'). In-12.

Très belle et rare épreuve du 1er état, avant toute lettre.

5. Le même portrait.

Rare épreuve du 2e état, avant l'encadrement et le sujet qui ont été ajoutés dans l'état suivant.

BAUDOUIN (d'après P.-A.).

5. La Sentinelle en défaut, par N. de Launay, 1771 (E. B. 44.)

Très rare épreuve à l'état d'eau-forte, avant toute lettre et avant les armes. Marge.

1

BEAUVARLET (J.-F.).

6. *Bourgogne* (le duc de), d'après Frédou.

Très rare épreuve du 1er état, avant les noms des artistes.

BOUCHER et MONNET (d'après).

7. Daphné. — Actéon. Deux vignettes in-8 pour les Métamorphoses d'Ovide de Bannier.

Très rares épreuves avant toutes lettres, découvertes.

CATHELIN (L.-J.).

8. *Bossuet* (J.-B.), d'après Rigaud. In-4.

Deux très belles épreuves, dont une avant la lettre. Marges.

CHOFFARD (P.-P.).

9. *Rossel* (Aug.-Louis de), capitaine de vaisseau, représenté avec sa fille, d'après François (45).

Très rare épreuve à l'eau-forte pure.

Le même portrait.

Très belle épreuve avant la lettre, tablette blanche ; toute marge.

10. Fleuron de la fin des *Métamorphoses* d'Ovide (475-37).

Épreuve tirée hors texte.

11. Têtes de pages du *Voyage pittoresque de la Grèce*, de Choiseul-Gouffier. In-fol. (539).

Deux pièces à l'état d'eau-forte, une est double, en épreuve terminée, tirée hors texte. Trois pièces.

12. Le Printemps. Vignette in-8, d'après Le Prince, pour les *Saisons* de Saint-Lambert (668).

Rare épreuve à l'état d'eau-forte. Marge.

CHOFFARD (P.-P.).

10-13. Vignette in-8, d'après Monsiau, pour les *Jardins*, poème de Delille, 1801. (686.)

Deux très rares épreuves avant la lettre ; une est à l'état d'eau-forte. Marge.

CHOFFARD et HUET.

2-14. Fleurons pour le *Voyage à Naples* de Saint-Non.

Deux pièces, épreuves tirées hors texte.

COCHIN (C.-N.).

15. Trois vignettes in-8 en largeur, pour l'*Astronomie physique* de Gamaches (173).

Très rares épreuves en double état, avant la lettre et eaux-fortes. Six pièces.

COCHIN (d'après C.-N.).

16. *Favart* (J. du Ronceray, Mme), par J.-J. Flipart.

Très rare épreuve à l'eau-forte pure. Dans cet état, le portrait est de format in-4.

22. Le même portrait.

Très rare épreuve du premier état, avant les vers. Toute marge.

6. Le même portrait.

Très belle épreuve avant les mots : frontispice du tome V. Marge.

17. Louis XV, en-tête du *Traité des horloges marines*.

Rare épreuve à l'état d'eau-forte.

Le même portrait.

Très belle épreuve terminée, tirage hors texte. Grande marge.

18. Louis XV, médaillon entouré des Génies des arts et de la guerre, d'après Duvivier. En-tête de l'Épître dédicatoire du Catalogue raisonné des Tableaux du roi, par Lépicié.

Très rare épreuve à l'eau-forte pure.

ESTAMPES.

COCHIN (d'après C.-N.).

19. Vignette in-4, gravé par N. Ponce, pour les *Mois* de Roucher.

Épreuve à l'état d'eau-forte.

20. Vignettes pour l'*Almanach iconologique*, gravées par Godefroy et Lingée. Quatre pièces.

Très rares épreuves à l'état d'eau-forte. Marges.

21. Vignette in-8, pour *Télémaque*?

Rare épreuve à l'état d'eau-forte. Grande marge.

DELATRE.

22. *Mondonville* (Jean-Joseph Cassanea de), maître de musique de la chapelle du roi, d'après Cochin. In-8.

Très rare épreuve avant toute lettre, plus une épreuve avec la lettre, mais avant le n°. Deux pièces.

DE LAUNAY (N.).

23. *Fontenelle*, d'après Voiriot. In-18.

Deux épreuves, dont une très rare, à l'eau-forte, avec retouches au crayon. Marges.

DE LAUNAY (R.).

24. *Graffigny* (Mme de). In-18.

Très belle épreuve avant la lettre, toute marge, plus une épreuve avec la lettre. Deux pièces.

25. Louis IX, roi de France. En-tête de page d'après B.-L. Prévost.

Très belle épreuve tirée hors texte. Toute marge.

26. *Voisenon* (l'abbé de), d'après Vispré. In-12.

Très belle épreuve avant la lettre, toute marge, plus une épreuve avec la lettre. Deux pièces.

DUCLOS.

27. Scène du déserteur. Vignette in-8.
Rare épreuve à l'état d'eau-forte.

DUPLESSIS-BERTAUX.

28. Vignettes en-têtes de pages, pour les *Petits Conteurs*.
Superbes et rares avant la lettre; trois sont à toutes marges.
Huit pièces.

29. Vignettes in-8, pour *Gil Blas*. Deux pièces.
Très rares épreuves à l'état d'eau-forte. Marges.

30. Le Maître et la Maîtresse d'école. Deux petits sujets
imprimés sur une même feuille.
Très belles épreuves avant la lettre.

EISEN (d'après Ch.).

31. BAISERS DE DORAT. En-tête du premier *Baiser*, par de
Longueil.
Très belle épreuve avant la lettre.

32. Fleuron du quatrième *Baiser*, par Lingée.
Très rare épreuve avant la lettre. Marge.

Fleuron du onzième *Baiser*, par N. de Launay.
Très belle épreuve avant la lettre. Marge.

33. En-tête de page, par D. Née, pour les Œuvres de
Baculard d'Arnaud.
Épreuve avant la lettre.

34. Vignettes in-8 pour les Œuvres de Baculard d'Arnaud.
Rares épreuves à l'état d'eau-forte, une est double, en épreuve
terminée. Trois pièces.

35. Fleuron et en-tête, gravés par de Launay, pour les
Œuvres de Marmontel. Deux pièces.
Très belles épreuves avant la lettre.

EISEN (d'après CH.).

36. Psyché. Vignette in-8.
Rare épreuve à l'état d'eau-forte.

37. En-tête pour *Tarsis et Zélie*, gravé par Masquelier.
Rare épreuve à l'état d'eau-forte. Marge.

38. Guerriers enlevant une jeune femme. En-tête pour
un livre in-4.
Épreuve à l'état d'eau-forte.

39. Le Duel. Vignette in-8.
Rare épreuve à l'état d'eau-forte.

40. Fleuron avec trois amours dans un cartouche, peut-
être pour les *Sens.*
Deux épreuves avant la lettre; une est à l'état d'eau-forte.

41. Le Désespoir d'une jeune femme. — Le Sermon.
Deux vignettes in-8, gravées par Pasquier.
Épreuves à l'état d'eau-forte.

EISEN, GRAVELOT et BOUCHER (d'après).

42. Vignettes in-8, pour les *Contes* de Boccace. Quatorze
pièces.
Très rares épreuves à l'état d'eau-forte. Onze ont de grandes
marges.

GAUCHER (C.-E).

43. Son portrait, gravé par son ami P. de B.; en-tête des
Voyages en France. (P. et B. 22.)
Épreuve d'un premier état non décrit, avant le nom sur la
tablette et avant les mots : Gravé par son élève et ami P. de B.
Rare.

44. *Bossuet* (J.-B.), d'après Rigaud (25).
Rare épreuve à l'eau-forte pure. Marge.

45. *Buffon*, d'après Drouais. In-12.
Rare épreuve à l'eau-forte pure. Marge.

GAUCHER (C.-E.).

46. *Cailhava* (Jean-Fr.), d'après Pujos (32).
Très rare épreuve à l'eau-forte pure. Marge.

47. *Carcado* (J.-A. Poncet de la Rivière, comtesse de), d'après Mlle Loir. In-8 (34).
Très belle épreuve avant le bonnet, avec des fleurs dans les cheveux et au corsage. Marge.

48. *Catherine II*, impératrice des Russies, d'après Houdon (36).
Très belle épreuve du 1er état. Marge.

49. *Chapelle*, d'après Lebrun, pour les *Voyages en France*, in-12 (39).
Rare épreuve à l'eau-forte pure.

50. Le même portrait.
Deux très belles épreuves, dont une avant la lettre et avant les mots : tome I, à la pointe. Toute marge.

51. *Diderot*, de profil, d'après J.-B. Greuze (49).
Épreuve non décrite, à l'eau-forte pure. Marge.

Le même portrait.
Superbe épreuve du 1er état décrit, avant la lettre, la tablette blanche. Toute marge.

52. *Fénelon*, d'après Vivien. In-8 (57).
Rare épreuve à l'eau-forte pure.

Le même portrait.
Très belle épreuve. Grande marge.

53. *Fénelon*, d'après Vivien. In-8, an VI.
Épreuve non décrite, à l'eau-forte pure. Marge.

54. *Fénelon*, petit médaillon sur un titre des *Aventures de Télémaque*, d'après Vivien (59).
Très belle et rare épreuve du 1er état, avant la bordure, grande marge, plus une épreuve avec la bordure. Deux pièces.

GAUCHER (C.-E.).

55. *Fénelon*, de face, d'après Vivien. In-12.

Épreuve à l'eau-forte pure, avant le nom du graveur. Rare. Marge.

Le même portrait.

Épreuve à l'eau-forte pure, mais avec les noms du peintre et du graveur. Grande marge.

Le même portrait.

Deux très belles épreuves, dont une avant la lettre.

56. *Gail* (J.-B.), d'après Le Barbier, en-tête des Idylles de Bion et Moschus. In-12 (66).

Épreuve à l'eau-forte pure, toute marge, plus une épreuve avec la lettre. Deux pièces.

57. *Gravelot* (Hubert), d'après La Tour. In-8, non décrit.

Très rare épreuve à l'eau-forte pure, toute marge.

58. Gustave III, d'après Lavreince (74). Ovale seul.

Très rare épreuve à l'eau-forte pure.

Le même portrait.

Épreuve à l'eau-forte un peu plus avancée que la précédente, mais aussi avant la bordure.

Le même portrait.

Épreuve non terminée avec la bordure et la tablette blanche; avant toute lettre.

59. *Hénault* (Charles-Jean-François), président honoraire du parlement de Paris, d'après Cochin (77).

Très belle épreuve. Toute marge.

60. *Henri de Prusse* (le prince), d'après Cochin (78).

Très rare épreuve du 1er état, avant l'inscription sur le cadre.

61. *Hoen* (Pieter). In-8 (79).

Très belle épreuve du 2e état, avant la lettre. Marge.

GAUCHER (C.-E.).

62. *Kotzebue* (Aug.), d'après Bolt (85).

Deux épreuves, dont une du 1er état, avant toute lettre. Grandes marges.

63. *La Fontaine* (J. de). Petit médaillon, d'après Rigaud (87).

Belle épreuve, toute marge.

64. *La Rochefoucauld*, d'après Petitot. In-12 (90).

Rare épreuve à l'eau-forte pure. Toute marge.

Le même portrait.

Épreuve avant la lettre, la tablette blanche, toute marge.

65. *Le Bas* (A la mémoire de Jacques-Philippe), graveur du cabinet du Roi, d'après Cochin (94).

Très belle épreuve du 1er état, avant les deux lignes de texte dans la marge inférieure. Marge.

66. *Le Normant du Coudray* (Charles), d'après Le Bel. In-8 (97).

Rare épreuve à l'eau-forte pure.

Le Normant du Coudray (Charles), d'après Le Gay. Grand in-8 (98).

Très rare épreuve à l'eau-forte pure, le cartouche des armes en blanc. Marge.

67. *Malesherbes* (Chrétien-Guill. de Lamoignon), d'après R... In-8 (107).

Rare épreuve du 1er état avant toute lettre, la tablette blanche.

68. Marie-Antoinette, d'après Moreau le jeune. En-tête de la dédicace des *Annales de Marie-Thérèse* (110).

Belle épreuve. Toute marge.

69. *Marie-Cécile*, princesse ottomane (111).

Belle épreuve.

GAUCHER (C.-E.)

70. *Marie-Leckzinska*, d'après Nattier. En-tête de la dédicace du Nouvel Abrégé chonologique de l'Histoire de France, du président Hénault (112).

Épreuve à l'eau-forte pure dans l'encadrement terminé. De la plus grande rareté, sinon unique.

Le même portrait.

Très belle épreuve terminée, tirée hors texte. Grande marge.

71. *Noyelles* (La baronne de), d'après de Pasche (125).

Très belle et rare épreuve à l'état d'eau-forte avancée, avec les ornements à l'eau-forte pure et les médaillons contenant les armes en blanc.

72. En-tête de page, d'après Martini, pour les *Nouvelles de d'Ussieux* (183).

Rare épreuve à l'état d'eau-forte.

73. Vignette in-8, d'après Martini, pour le *Décameron français*, recueil de Nouvelles de d'Ussieux.

Deux épreuves dont une très rare à l'état d'eau-forte.

74. Frontispice du tome second de *Tarsis et Zélie*, d'après Cochin (187).

Deux épreuves, dont une très rare à l'état d'eau-forte. Marge.

75. Vignette in-8 d'après Eisen, pour les *Nouvelles de d'Ussieux* (193-1).

Rare épreuve à l'état d'eau-forte. Marge.

76. Une femme assise contre un arbre, dans le creux duquel se cache un enfant, d'après Monnet. An X. In-18 (210).

Deux épreuves avant la lettre, dont une très rare à l'état d'eau-forte. Marges.

77. Vénus et Adonis, pour les *Idylles* de Bion et de Moschus. — Un ange sur les nuages, d'après Le Barbier.

Deux pièces avant la lettre; la seconde est à l'état d'eau-forte.

GRAVELOT (d'après H.).

78. Buste de Loüis XV couronné par Apollon et une muse, frontispice allégorique pour la bibliothèque des artistes et des amateurs, par Duclos.

Très rare épreuve à l'eau-forte pure, avant le portrait de Louis XV.

79. Vignettes in-8, pour les Œuvres de Corneille. Trois pièces.

Très rares épreuves à l'état d'eau-forte.

80. Vignettes in-8, pour *Manon Lescaut* et *Lucrèce*. Deux pièces.

Très rares épreuves à l'état d'eau-forte.

81. Vignette in-8, gravée par Ryland, pour *Adèle comtesse de Ponthieu*, tragédie de La Place.

Rare épreuve à l'état d'eau-forte, plus une épreuve avec la lettre. Deux pièces.

82. L'Agriculture, par Rousseau.

Rare épreuve à l'état d'eau-forte, plus une épreuve avec la lettre. Deux pièces.

83. Vignette in-8, gravée par Pasquier, pour *Tom Jones*.

Rare épreuve à l'état d'eau-forte.

84. Vignettes in-4, pour les Œuvres de Voltaire. Deux pièces.

Épreuves en double état, eaux-fortes et épreuves terminées. Quatre pièces.

85. Vignette in-8, pour les *Amours de Mirtil*.

Rare épreuve à l'état d'eau-forte.

86. Vignette in-4, de forme ovale pour la partie de chasse de Henri IV.

Rare épreuve à l'état d'eau-forte.

INGOUF (LE JEUNE).

87. *Sartine* (Ant.-R. de), lieutenant de police, d'après Vigée. In-8.

Très belle épreuve. Toute marge.

LANDRY (P.).

88. *Manesson-Mallet* (Allain), ingénieur des camps et armées du Roy.

Deux épreuves, dont une du 1er état avant les vers.

LE BARBIER (d'après).

89. Vignette in-8, gravée par Thomas, pour frontispice de livre.

Épreuve en double état, eau-forte et avant la lettre. Deux pièces, avec marges.

90. Vignette in-8, avec portraits et figures allégoriques, pour frontispice de livre.

Rare épreuve à l'état d'eau-forte. Marge.

LEMIRE (N.).

91. *Joseph II.* Petit médaillon orné.

Très belle épreuve, avec l'adresse du graveur. Marge.

92. *La Fontaine*, portrait allégorique d'après Moreau le jeune, pour *frontispice des fables causides.*

Superbe et très rare épreuve avant toute lettre et avant les noms des artistes. Marge.

93. *Montesquieu*, en-tête de page, d'après de Sèye.
Très rare épreuve à l'état d'eau-forte.

94. *Pétrarque. — Laure.* Deux très petits médaillons.

Très belles épreuves du premier état, l'ovale seule. Toutes marges.

LEVESQUE (P.-Ch.).

95. *Causeur* (Jean), boucher bas-breton, âgé de 130 ans. In-4.

Deux épreuves, dont une avant toute lettre, avec grande marge.

LINGÉE (Ch.-L.).

96. *Vander Goes* (Gertrude). Marchande au Palais-Royal, médaillon rond.

Très rare épreuve avant toute lettre imprimée en bistre.

LONGUEIL (R. de).

97. Frontispice des Idylles polonaises, d'après Eisen. In-8.

Rare épreuve à l'eau-forte pure.

MALAPEAU.

98. *Quinault*, musicien, en-tête de page.

Très rare épreuve à l'état d'eau-forte.

Le même portrait.

Superbe épreuve terminée avant toute lettre; seulement le nom du graveur tracé à la pointe. Toute marge.

MARILLIER (d'après).

99. Adam et Ève. Vignette grand in-8 pour la Bible.

Rare épreuve à l'état d'eau-forte. Marge.

100. Vignette in-8 et en-têtes de pages pour les Œuvres de Baculard d'Arnaud. Quatre pièces.

Rares épreuves à l'état d'eau-forte.

101. Idylles de Berquin. Deux vignettes in-18,

Très rares épreuves à l'état d'eau-forte. Marges.

MARILLIER (d'après).

102. En-têtes pour les Fables de Dorat.

Trois pièces avant la lettre, dont une à l'état d'eau-forte; deux ont de grandes marges.

103. Vignettes en-tête pour les Fables de Dorat. Deux pièces.

Rares épreuves à l'état d'eau-forte.

104. Jeune guerrier se présentant devant un roi. En-tête de page pour un livre in-8, gravé par Ponce.

Deux épreuves avant la lettre, avec marge; une est à l'état d'eau-forte.

105. Le Blessé, vignette en-tête, gravé par Duflos, pour un livre in-4, du xviiie siècle.

Épreuve en double état, eau-forte et épreuve terminée avant la lettre. Marge.

106. Vignette en-tête, pour un livre oriental.

Rare épreuve à l'état d'eau-forte.

MARILLIER et HOUSSARD.

107. Vignettes et en-tête de page.

Trois pièces in-8, avant la lettre; une est à l'eau-forte.

MASQUELIER (L.-J.).

108. *Lulli et Piccini*, en-tête de page.

Très rare épreuve à l'état d'eau-forte. Marge.

109. *Rameau*, musicien, en-tête de page.

Rare épreuve à l'état d'eau-forte. Marge.

— Le même portrait.

Très belle épreuve terminée avant la lettre. Grande marge.

MASQUELIER (L.-J.).

110. Portrait d'homme, peut-être Pierre Legrand, en-tête de page.

Épreuve à l'état d'eau-forte. Marge.

MIGER (C.-S.).

111. *Roze* (N.), compositeur de musique, d'après Cochin.

Deux épreuves, dont une à l'eau-forte pure. Marges.

112. *Delacroix* (J.-F.), député et président de l'Assemblée nationale le 21 août 1792, d'après La Neuville. In-4.

Très rare épreuve à l'eau-forte pure. Marge.

113. *Graffigny* (Mme de). In-4.

Superbe épreuve avant toute lettre. Marge.

MONNET (d'après C.).

114. Les Baigneuses surprises, par Vidal.

Superbe épreuve avant toute lettre et avant les changements dans les cheveux. Marge.

MOREAU (J.-M.) le jeune.

115. *Choiseul* (Et.-Fr. duc de), médaillon suspendu à une colonne, in-8 (1771).

Très rare épreuve d'essai avant les derniers travaux, avec la signature de Moreau, tracée à la pointe.

116. *Jarente* (de La Bruyère), d'après Robillon. En-tête de page pour le Bréviaire d'Orléans (E.-B. 47).

Superbe épreuve tirée hors texte. Marge.

MOREAU (d'après J.-M.).

117. Louis XV, deux en-têtes de pages pour la description de son mausolée, par N. de Launay.

Très belles épreuves tirées hors texte. Marges.

MOREAU - (d'après J.-M.).

118. Suite complète de neuf vignettes in-8, pour illustrer les Œuvres de Crébillon, en 2 vol. Paris, Renouard, 1818.

Très belles épreuves en triple état. Eaux-fortes, avant la lettre sur chine et avant la lettre sur blanc. Vingt-sept pièces et le portrait de Crébillon gravé par Ethiou d'après Devéria; épreuve avant la lettre, sur chine.

119. Vignettes en-têtes de pages, gravées par Prévost et Bradel, pour : Nouvel Abrégé chronologique de l'histoire de France.

Trois pièces avant la lettre, dont une double à l'état d'eau-forte.

120. Philoclès dans l'île de Samos, par J.-B. Simonet. Vignette-frontispice pour Études de la Nature, édition Didot, 1792 (1534).

Épreuve en double état, à l'eau-forte et terminée avant la lettre. Deux pièces avec marge.

121. Lettre sur le Paysage, par de Ghendt, pour Gessner (E.-B. 756).

Épreuve en double état, avant la lettre et eau-forte. Deux pièces avec marge.

122. Didon invectivant Énée. Vignette-frontispice du 2e volume de l'Énéide, gravé par Simonet (1586). In-4.

Épreuve en double état, à l'eau-forte, et terminée avant la lettre. Deux pièces avec marge.

123. Vignette in-8, représentant une jeune femme montant les marches d'un palais, pour *Voltaire*.

Rare épreuve à l'état d'eau-forte. Toute marge.

124. Marianne, par J.-B. Simonet. Vignette in-4 pour la suite de Voltaire qui n'a pas été terminée (1619).

Rare épreuve à l'état d'eau-forte. Marge.

NICOLLET (B.-ANT.).

125. *Sayffert*, docteur-médecin, d'après Mlle Ricska. In-4.
Rare épreuve avant toute lettre.

OUDRY (d'après J.-B.).

126. L'Homme entre deux âges et ses deux maîtresses,
pièce in-fol. gravée par Cochin père, pour les Fables de
La Fontaine.
Rare épreuve à l'état d'eau-forte.

127. Deux pièces in-fol. pour le même ouvrage.
Rares épreuves avant la lettre, dont une à l'état d'eau-forte.

La Veuve, pièce in-fol. pour les mêmes fables.
Rare épreuve à l'état d'eau-forte.

PICART (B.).

128. *Noailles* (le maréchal de), en-tête de page pour un
livre in-4.
Rare épreuve tirée hors texte. Grande marge.

PONCE (N.).

129. *Louvancourt* (Mme de). — *La Suze* (la comtesse de).
Deux en-tête de pages d'après Marillier, pour le Par-
nasse des dames.
Très belles épreuves tirées hors texte.

PREVOST (B.-L.).

130. *Cochin* (C.-N.), petit médaillon, en-tête de page pour
le catalogue de son œuvre, par Jombert.
Très rare épreuve tirée hors texte.

131. *Marigny* (le marquis de), médaillon sur un monu-

ment funèbre : la peinture, la sculpture et la gravure pleurent sa perte, d'après Cochin.

Superbe épreuve du 1er état avant la lettre. Marge.

PRUNEAU (N.).

132. *Guiot de Chenizot* (F.-V.), d'après Pujos. In-4.

Très belle épreuve avant toute lettre.

SAINT-AUBIN (AUG. DE).

133. *Abel* (C.-F.), d'après Cochin (E.-B. 1).

Deux épreuves, dont une à l'eau-forte pure. Marges.

134. *Beckford* (Guill.), Anglais, d'après Sauvage (15).

Deux très belles épreuves, dont une avant la lettre. Toute marge.

135. *Bitaubé*, d'après Cochin (20).

Deux épreuves, dont une du 2e état, avant la planche rognée.

136. *Clos* (Claude-Joseph), d'après Marguerite Gérard (46).

Superbe épreuve du 2e état, avant toute lettre, seulement le monogramme A. S. entrelacé au-dessous de l'encadrement. Grande marge.

137. *Cochin* (Charles-Nicolas), d'après Cochin (47).

Très rare épreuve du 2e état, à l'eau-forte pure.

Le même portrait.

Très belle épreuve du 4e état, de la planche terminée avant la lettre.

138. *Conti* (la princesse de), d'après une médaille de Cochin.

Très belle épreuve du 1er état, imprimée en regard de la vue de l'intérieur de l'église Saint-Chaumont. Marge.

139. *Corneille* (P.) (E. B. 56).

Rare épreuve tirée hors texte. Marge.

SAINT-AUBIN (Aug. de).

140. *Dumont* (Jacques... dit le Romain), d'après Cochin (77).

Rare épreuve du 1er état à l'eau-forte pure, plus une épreuve avec la lettre. Deux pièces.

141. *Falbaire de Quingey* (Fenouillat de), d'après Cochin (78).

Épreuve du 1er état, à l'eau-forte pure.

Le même portrait.

Très belle épreuve du 2e état, avant les noms d'artistes. Toute marge.

142. Le même portrait.

Deux très belles épreuves, dont une du 2e état, avant les noms des artistes au-dessous de l'encadrement. Marge.

143. *Maleteste* (J.-L. marquis de), d'après Cochin.

Rare épreuve du 1er état, à l'eau-forte pure.

144. *Molière* (J.-B. P. de), portrait-frontispice de la suite d'illustrations pour ses Œuvres, publiée par Renouard, sans texte, in-8 (180).

Très rare épreuve du 1er état, à l'eau-forte. Toute marge.

145. *Racine* (J.), in-12 (224).

Deux épreuves, dont une du 2e état, lettres grises. Toutes marges.

146. *Racine* (Jean), d'après Santerre. Portrait-frontispice de ses Œuvres 1808 (225).

Belle épreuve, grande marge.

147. *Sacchini* musicien, d'après Cochin (246).

Rare épreuve du 1er état, à l'eau-forte pure.

148. *Voltaire*, à mi-corps, assis, d'après Denon (266).

Très rare épreuve à l'eau-forte, la tablette blanche et avant le petit triangle en haut de la planche.

SAINT-AUBIN (Aug. de).

149. Bataille, coquille n° 39 des Pierres gravées (739-740).

Épreuve en double état, eau-forte et épreuve terminée avec la lettre, mais avant le numéro. Deux pièces.

150. Vignette en-tête de la page 1 du vol. II des Pierres gravées (841).

Épreuve en double état, à l'eau-forte et terminée avant la lettre. Deux pièces.

WATELET.

151. Frontispice des Œuvres de P. Corneille, d'après Pierre.

Épreuve à l'eau-forte pure. Marge. Rare.

Le même frontispice.

Épreuve avant toute lettre et avant le cadre. Marge.

Le même frontispice.

Épreuve avant les noms des artistes, avec le nom de Corneille sur la colonne, mais avant le cadre.

Le même frontispice.

Très belle épreuve avec la bordure. Marge.

Le même frontispice.

Contre-épreuve à l'état d'eau-forte. Rare.

Paris. — Typ. Georges Chamerot, 19, rue des Saints-Pères. — 20675.